# Inhalt

**Mikroverfahrenstechnik - die "Chemiefabrik auf dem Schreibtisch" verlässt die Labors**

Kernthesen

Beitrag

Fallbeispiele

Zahlen und Fakten

Weiterführende Literatur

Impressum

GENIOS BranchenWissen Nr. 02/2007 vom 22.02.2007

# Mikroverfahrenstechnik - die "Chemiefabrik auf dem Schreibtisch" verlässt die Labors

*Autor GENIOS BranchenWissen: A.Schneider*

## Kernthesen

- Die Mikroverfahrenstechnik gilt in der Chemie- und Pharmabranche als eine Zukunftstechnologie, die die Produktionsprozesse grundlegend revolutionieren kann.
- Die Chemieanlage von morgen ist wahrscheinlich nicht nur deutlich kleiner als die heutige, sondern produziert auch umweltverträglicher und wirtschaftlicher.
- Produktionsprozesse lassen sich effizienter, schneller und flexibler gestalten.

- Chemieanlagen könnten modular gebaut werden, näher beim Kunden stehen und stärker nach Bedarf produzieren.

## Beitrag

Die chemische und pharmazeutische Industrie in Deutschland rüstet sich für grundlegende technische Veränderungen. Die auch "Chemiefabrik auf dem Schreibtisch" genannte Mikroverfahrenstechnik hält Einzug in die industrielle Produktion.

## Mikroverfahrenstechnik als viel versprechender Branchentrend

Ein Gasturbinenmotor, der auf einem 10-Cent-Stück Platz findet, eine Gasturbine inklusive Stromerzeuger mit einem Durchmesser von 2 cm bei 3 mm Stärke und einem Gewicht von nur einem Gramm, eine Mikroreaktionsanlage, die jährlich bis zu 10 000 Tonnen produziert und auf einen Schreibtisch passt, Mikro-Wärmeaustauscher in der Größe eines Würfelzuckers, die die Energie eines kompletten Einfamilienhauses ersetzen was sich so unwahrscheinlich anhört, könnte in der Chemie- und Pharmaproduktion bald schon gang und gäbe sein.

(1)

Die Chemie- und Pharmabranche setzt wieder verstärkt auf die Intensivierung und Effizienzsteigerung ihrer Prozesse. Mikrotechnik, Mikroverfahrenstechnik, Mikroreaktoren das sind die Schlagworte eines aktuellen Branchentrends. Die Mikroverfahrenstechnik, also die Miniaturisierung von Prozessen, gilt neben der weißen und roten Biotechnologie und der Nanotechnologie als derzeit innovativste technologische Neuerung in der Chemie und Pharmazie. Verlockend daran ist, dass Deutschland und Europa im Wettbewerb mit Anbietern wie China noch die Nase vorn haben und eine Vorreiterrolle einnehmen können. (2)

## Numbering-up statt Scaling-up

Wie groß ist die Chemieanlage der Zukunft? Diese Frage wird heiß diskutiert, und es zeichnet sich in der Tat mittlerweile ein Paradigmenwechsel ab. Denn die Mikroverfahrenstechnik ermöglicht fundamentale Änderungen in der Art und Weise, wie produziert wird. Produktionsprozesse lassen sich effizienter, schneller und flexibler gestalten.

Die klassische Verfahrenstechnik zielt darauf ab, die

Produktion immer kostengünstiger zu gestalten. Nach der Gesetzmäßigkeit der Economies of Scale (Skaleneffekte) wurden die Anlagen in den vergangenen 40 Jahren immer großvolumiger konzipiert. Die Devise lautete "groß, größer, am größten": der weltweit größte Wärmetauscher, der größte Reaktor wurden von Anlagenbauern bejubelt. (3)
Der Nachteil der großvolumigen World-Scale-Anlagen liegt auf der Hand. Die Investitionsentscheidung ist erheblich, der Bau einer Anlage will reiflich überlegt sein. Doch baut man die Anlage erst, wenn die Nachfrage nach dem Produkt bereits sehr groß ist, ist man im Grunde bereits zu spät auf dem Markt. Baut ein Wettbewerber gleichzeitig, besteht die Gefahr eines Überangebots und die Preise brechen zusammen.

Das Hochskalieren hat nach Meinung von Branchenexperten bald ausgedient. Die Mikroverfahrenstechnik setzt einen Trend in die Gegenrichtung. "Alles mikro" ist zunehmend angesagt. Kleine Geräte ersetzen große ineffiziente Anlagenteile. Grundfunktionen wie Mischen, Trennen, Heizen, Kühlen und Reagieren werden in Apparaten realisiert, deren innere Strukturen Abmessungen von einigen Mikrometern bis wenigen Millimetern aufweisen.
Dazu muss keineswegs die komplette

Produktionsanlage umgekrempelt werden. Mikroeffekte können durchaus nur in den relevanten reaktionskritischen Bereichen erforderlich sein. Ansonsten könne ein Reaktor insgesamt durch aus im Meterbereich dimensioniert sein. Auch die Zu- und Ableitungen haben die gewohnten Dimensionen. (4)

Im vergangenen Jahrzehnt wurden in der Mikroreaktionstechnologie viel versprechende, leichte und kompakte Hochleistungs-Miniaturgeräte entwickelt. Sie finden ihren Einsatz als Wärmetauscher, Pumpen, Mischer, Gasabsorber oder -adsorber, Flüssigflüssig-Extraktoren, chemische Reaktoren, Bioreaktoren, Brenner, katalytische Reaktoren, enzymatische Reaktoren oder Brennstoffprozessoren. Außerdem wurden Mikrosensoren und -aktoren für Pumpen, Ventile, Kompressoren und andere Komponenten mit Erfolg entwickelt, und es wurden Komponenten im Miniaturformat für die Arzneimittelentwicklung (so genannte "Lab-on-a-Chip"-Systeme) und als Diagnosegeräte für medizinische Zwecke vorgestellt. (1)

# Technologische, ökonomische und

# ökologische Vorteile

Miniaturisierte Geräte und Reaktoren bieten für eine Vielzahl von Anwendungen technische Vorteile. Mit winzigen Reaktoren, Mischern; Pumpen und Ventilen der Mikroverfahrenstechnik lassen sich chemische Reaktionen effizienter durchführen als in großen Anlagen. Chemische Reaktionen lassen sich in den kleinen Kanälen und Schlitzen der Mikroanlagen exakter durchführen als in Anlagen mit größeren Strukturen. Die Wärmeübertragung und der Stoffübergang erfolgen deutlich besser. Die technologischen Vorteile der Mikroverfahrenstechnik sind auf das hohe Verhältnis zwischen Oberfläche und Volumen und die kurzen Wege in den Miniaturgeräten zurückzuführen. Dadurch können Flüssigkeiten oder Gase sehr schnell aufgeheizt oder abgekühlt oder vermischt werden. Die Wärme- und Stoffaustauschkoeffizienten liegen teilweise um Zehnerpotenzen über denen konventioneller Apparate. (4)

Die Verfahren zur Herstellung gefährlicher Produkte lassen sich mit der Mikroreaktionstechnik leichter beherrschen. Die kleinen Anlagen sind deutlich sicherer. Explosive und toxische Stoffe lassen sich auf kleinem Raum leichter kontrollieren, was die Sicherheit solcher Anlagen erhöht. Chemische Reaktionen können sehr klein dimensioniert, sehr genau gesteuert, vor Ort und nach Bedarf ablaufen. Unerwünschte Nebenreaktionen können leichter unterdrückt werden. Komplexe oder kritische Reaktionen der Feinchemie, wie sie bei Spezialprodukten oder Agro- und Pharma-Chemikalien ablaufen, lassen sich mit geringerem Risiko und viel genauer steuern. Als mögliche Einsatzfelder gelten auch Produktionsverfahren für edle Produkte mit hoher Reinheit und geringer Ausbeute sowie die Biochemie. (5), (1), (6)

Die ökonomischen Vorteile sind ebenfalls beachtlich. Die Produktionsanlagen lassen sich modular aufbauen quasi wie nach dem Lego-Prinzip. Das macht den Produktionsprozess deutlich flexibler. Bei der Einführung eines noch nicht etablierten Produktes am Markt müsste beispielsweise zunächst nur eine geringe Anfangsinvestition getätigt werden und dann könnte die Kapazität nach und nach, je nach den Erfordernissen des Marktes, modular erhöht werden.

Die kleinen Anlagen ermöglichen es, stärker nach Bedarf zu produzieren. Die Anlagen könnten näher beim Kunden stehen. Eine größere Zahl von kleineren Produktionsanlagen könnte auf Europa verteilt werden. Chemieanlagen können modular gebaut werden. Man wäre zeitnah am Markt und am Kunden, auf sich ändernde Marktbedingungen

könnte schneller reagiert werden. Die Produktion vor Ort und nach Bedarf verringert Lager- und Logistikaufwendungen.
Die Produktion wird schneller. Der Produktionsprozess erfolgt kontinuierlich (Durchfluss-Betrieb) anstatt absatzweise (Batch-Produktion). Das ist in der Regel kostengünstiger, die Durchlaufzeit eines Ausgangsstoffes in das Endprodukt ist kürzer, viele nicht wertschöpfende Schritte werden vermieden.

Durch die Kompaktheit der Anlagen wird der Flächenbedarf solcher Anlagen minimiert. Man kann eine bestehende Anlage gut durch eine Miniaturanlage ergänzen. Branchenkenner sehen daher einen gewissen Trend zur Zweitanlage. Gerade für den Mittelstand könnten die Kleinanlagen sehr attraktiv sein.

Die Mikroverfahrenstechik verspricht auch ökologische Vorteile. Die Produktionsprozesse, die auf kleinstem Raum ablaufen, sind gut kontrollierbar, erzeugen weniger Schadstoffemissionen und weniger Abfälle. Ressourcen können schonender eingesetzt werden. Auch das Störfallrisiko ist geringer. (7)

# Etliche Hürden gilt es zu

# überwinden

Bei all den Verlockungen darf nicht vergessen werden, dass es sich bei der Mikroverfahrenstechnologie größtenteils noch um eine Zukunftstechnologie handelt. Zwar verlässt sie mittlerweile immer mehr das Labor, dennoch stellt die Umsetzung in die industrielle Praxis eine beträchtliche Hürde dar. Die Herausforderung besteht darin, die Mikrostrukturen im großen Maßstab kostengünstig zu fertigen und zu Reaktoren zu fügen, die industriell typische Kapazitäten aufweisen.
Zwar gilt Deutschland in der Mikroverfahrenstechnik als weltweit führend, aber viele Entscheider in der Verfahrenstechnik haben noch erhebliche Zweifel. Außerdem fehlen Erfahrungen in der Praxis und Fachkräfte.

Einen Überblick über den aktuellen Entwicklungsstand der deutschen Industrie gibt das Statuskolloquium Mikroverfahrenstechnik am 13. und 14. Februar im Zentrum für Umweltkommunikation der Deutschen Bundesstiftung Umwelt (DBU) in Osnabrück. (7)

# Fallbeispiele

Die Umsetzung der Errungenschaften der Mikrotechnologie und Mikroverfahrenstechnik in die industrielle Praxis werden stark gefördert.
Das Bundesministerium für Bildung und Forschung (BMBF) unterstützt die Mikroverfahrenstechnik bereits seit Jahren. Vor kurzem wurde ein neues Förderprogramm mit dem Titel "Mikroverfahrenstechnik" ins Leben gerufen, das sich speziell der Verwendung von mikrostrukturierten Geräten für industrielle Produktionsverfahren widmet. Seit 2005 wurden 5 Projekte gestartet, deren Ziel Pilot-Produktionsanlagen in den Bereichen Feinchemikalien, Spezialpolymere und pharmazeutische Zwischenprodukte sind.

Auf europäischer Ebene sind 3 Projekte im sechsten europäischen Rahmenprogramm relevant: IMPULSE (www.impulse-project.org) erforscht die Integration innovativer, auf mikro- und/oder mesostrukturierten Komponenten basierender Prozesskomponenten, um radikale Leistungssteigerungen für ganze Prozesssysteme in der chemischen und pharmazeutischen Produktion zu erzielen.
TOPCOMBI (www.topcombi.org) nutzt Miniaturisierungsverfahren mit hohem Durchsatz für die Entwicklung von katalytischen Syntheseverfahren

für die chemische Produktion. NEPUMUC (www.nepumuc.info) entwickelt spezielle Mikroreaktionskomponenten für die Durchführung von extrem exothermen Nitrierungsreaktionen unter besonderen sicherheitstechnischen und umweltfreundlichen Bedingungen.

Das Impulse-Konsortium setzt sich aus 20 Partnern aus sieben europäischen Ländern zusammen. Neben dem CNRS (Centre National de la Recherche Scientifique), welches das Projekt koordiniert, sind einige der führenden europäischen Forschungszentren und Universitätsinstitute auf dem Gebiet des Chemieingenieurwesens, der Mikroverfahrenstechnik und Prozessinnovation vertreten. Diese arbeiten mit vier führenden Industriepartnern zusammen: GlaxoSmithKline, zweitgrößter Pharmakonzern der Welt, Degussa, weltweit größter Spezialchemikalienhersteller, Procter and Gamble, weltweit führendes Unternehmen im Konsumgüterbereich, und Siemens, weltweit führend in der Automatisierungstechnik.

Immer mehr führende Chemie- und Pharmaunternehmen melden in jüngster Zeit den erfolgreichen Einsatz von Mikroreaktoren und mikrofluidischen Geräten sowohl in Pilotanlagen als auch in kommerziell genutzten Anlagen. Clariant, Lonza, Sigma-Aldrich, Degussa, Merck KGaA,

Johnson & Johnson Pharmaceutical, Dow Chemical, FMC Corp., GlaxoSmithKline, Pfizer, Siemens AG, Bayer Technology Services machten damit von sich reden.

Clariant hat beispielsweise einen Vortex-Mischer entwickelt, bei dem die Vermischung in gewünschter Weise aufgrund von Mikroeffekten erfolgt, der Durchsatz mit 15 000 Kilogramm/Stunde aber sehr hoch bleibt. Degussa und Uhde entwickeln gemeinsam einen Produktions-Mikrostrukturreaktor für die Gasphasensynthese. Er soll den Investitionsbedarf und die Betriebskosten für ein Verfahren zur Herstellung von Vinylacetat, eine Basischemikalie für Kunststoffe, Farben und Klebstoffe, deutlich senken. (1), (4)

## Zahlen & Fakten

Die Ziele der Mikroverfahrenstechnik sind vielfältig:

- kontinuierlicher Betrieb/Durchflussbetrieb anstatt Batch-Betrieb

- modulare-skalierbare Prozesse

- Integration neuartiger Komponenten in bestehende Anlagen

- Miniaturisierung von Anlagenteilen für eine dezentrale Produktion

- Minimierung des Lösungsmitteleinsatzes

- Maximierung der Raum-Zeit-Ausbeute

- erhöhte Selektivitäten

- reduzierte Aufwendungen zur Produktabtrennung

- verbesserte Messtechniken zur Qualitätskontrolle

- höhere Produktionssicherheit und flexibilität

# Weiterführende Literatur

(1) Mikroreaktionstechnologie
aus Labo, Heft 05, 2006

(2) Bessere Margen für Solution Provider - Spezialchemie: Differenzierung über Innovationen und Services
aus Process Magazin für Chemie- und Pharmatechnik Nr. 01 vom 19.01.2007 Seite 024

(3) Ambitionierte Ziele
aus Process Magazin für Chemie- und

Pharmatechnik Nr. 07-08 vom 01.08.2006 Seite 003

(4) Macht die Chemie schneller -
Mikroverfahrenstechnik als Instrument der Prozessintensivierung
aus Process Magazin für Chemie- und Pharmatechnik Nr. 01 vom 19.01.2007 Seite 062

(5) Da stimmt die Chemie
aus VDI NR. 47 VOM 24.11.2006 SEITE 34

(6) Mikroreaktoren aus Hochleistungskeramik Wie aus einem Guss
aus cav chemie-anlagen + verfahren, Heft 8, 2006, S. 32

(7) Miniatur-Chemie erobert die Industrie: Mikroverfahrenstechnik-Experten treffen sich in Osnabrück
aus Chemie.DE News

# Impressum

## Mikroverfahrenstechnik - die "Chemiefabrik auf dem Schreibtisch" verlässt die Labors

**Bibliografische Information der deutschen Nationalbibliothek**

Die Deutsche Nationalbibliothek verzeichnet diese Publikation in der deutschen Nationalbibliografie; detaillierte bibliografische Daten sind im Internet über http://dnb.d-nb.de abrufbar.

ISBN: 978-3-7379-2228-9

© 2015 GBI-Genios Deutsche Wirtschaftsdatenbank GmbH, Freischützstraße 96, 81927 München, www.genios.de

Alle Rechte vorbehalten. Dieses Werk ist einschließlich aller seiner Teile – z.B. Texte, Tabellen und Grafiken - urheberrechtlich geschützt. Jede Verwertung außerhalb der Grenzen des Urheberrechtsgesetzes bedarf der vorherigen Zustimmung des Verlags. Dies gilt insbesondere auch für auszugsweise Nachdrucke, fotomechanische

Vervielfältigungen (Fotokopie/Mikroskopie), Übersetzungen, Auswertungen durch Datenbanken oder ähnliche Einrichtungen und die Einspeicherung und Verarbeitung in elektronischen Systemen.